BEI GRIN MACHT SICH IHR WISSEN BEZAHLT

- Wir veröffentlichen Ihre Hausarbeit,
  Bachelor- und Masterarbeit

- Ihr eigenes eBook und Buch -
  weltweit in allen wichtigen Shops

- Verdienen Sie an jedem Verkauf

Jetzt bei www.GRIN.com hochladen
und kostenlos publizieren

Udo Lihs

Armut als philosophisches Problem

Thesen zu ausgewählten Texten

GRIN Verlag

Bibliografische Information der Deutschen Nationalbibliothek:

Die Deutsche Bibliothek verzeichnet diese Publikation in der Deutschen National-
bibliografie; detaillierte bibliografische Daten sind im Internet über http://dnb.d-
nb.de/ abrufbar.

Dieses Werk sowie alle darin enthaltenen einzelnen Beiträge und Abbildungen
sind urheberrechtlich geschützt. Jede Verwertung, die nicht ausdrücklich vom
Urheberrechtsschutz zugelassen ist, bedarf der vorherigen Zustimmung des Verla-
ges. Das gilt insbesondere für Vervielfältigungen, Bearbeitungen, Übersetzungen,
Mikroverfilmungen, Auswertungen durch Datenbanken und für die Einspeicherung
und Verarbeitung in elektronische Systeme. Alle Rechte, auch die des auszugsweisen
Nachdrucks, der fotomechanischen Wiedergabe (einschließlich Mikrokopie) sowie
der Auswertung durch Datenbanken oder ähnliche Einrichtungen, vorbehalten.

Impressum:

Copyright © 2007 GRIN Verlag GmbH
Druck und Bindung: Books on Demand GmbH, Norderstedt Germany
ISBN: 978-3-656-57348-7

Dieses Buch bei GRIN:

http://www.grin.com/de/e-book/111150/armut-als-philosophisches-problem

GRIN - Your knowledge has value

Der GRIN Verlag publiziert seit 1998 wissenschaftliche Arbeiten von Studenten, Hochschullehrern und anderen Akademikern als eBook und gedrucktes Buch. Die Verlagswebsite www.grin.com ist die ideale Plattform zur Veröffentlichung von Hausarbeiten, Abschlussarbeiten, wissenschaftlichen Aufsätzen, Dissertationen und Fachbüchern.

Besuchen Sie uns im Internet:

http://www.grin.com/

http://www.facebook.com/grincom

http://www.twitter.com/grin_com

UNIVERSITÄT POTSDAM

INSTITUT FÜR PHILOSOPHIE

SOMMERSEMESTER 2007

Seminar:

Armut

Modul: I.2.c Angewandte Ethik

UDO LIHS

LER & DEUTSCH

(BA) (LSIP)

16.09.2007

Armut als philosophisches Problem
Thesen zu ausgewählten Texten

G. Cullity: „*Wohltätigkeit, Rechte und Staatsbürgerschaft*".
In: B. Bleisch, P. Schaber (Hg.): „*Weltarmut und Ethik*".

Paderborn, 2007.

Thesen:

Cullity postuliert in seinem Text eine Hilfspflicht, d.h. für ihn besteht zweifelsfrei eine moralische Pflicht der Menschen darin, Bedürftigen zu helfen, unabhängig davon, wie weit entfernt sie leben, ob sie Staatsbürger sind oder nicht. Cullitys Moral der Hilfspflicht basiert auf Humanität: Er leitet die Hilfspflicht von der Achtung gegenüber der Autonomie der Menschen, konkret von der Berücksichtigung der Bedürfnisse des Menschen ab und negiert damit die übliche Rechtfertigung der Hilfe über das allgemeine Menschenrecht, da aus dem Menschenrecht keine Pflicht des Helfens, sondern eher ein Anspruch hervorgeht.

In dem Zusammenhang kritisiert er das geläufige Prinzip des „fairen Anteils", insofern er davon ausgeht, dass dieser Anteil nicht ausreiche, um die Bedürfnisse der Verzweifelten tatsächlich zu befriedigen. Im Fokus seines Textes steht allerdings nicht nur die Humanität an sich, sondern vor allem das Individuum als autonomes Mitglied innerhalb eines Kollektivs, innerhalb eines Staates, im Kontrast zum „Fremden". Er betont, dass wir nicht in einer kosmopolitischen Welt leben und daher die Hilfspflicht abhängig von den Verteilungsrechten einer in Grenzen lebenden Gemeinschaft, innerhalb eines Staates, ist. Das Individuum ist daher innerhalb eines Kollektivs, d.h. als Staatsbürger, moralisch verpflichtet, Bedürftigen, v.a. Fremden, aus der Bedürftigkeit heraus zu helfen.

Text:

Avishai Margalit: *„Politik und Würde".* Frankfurt a.M., 1999: S. 260-284

Thesen:

Im Zentrum der Überlegungen des Jerusalemer Philosophieprofessors Avishai Margalit steht die Entwürdigung von armen Menschen, während sie Hilfe von der Gesellschaft beziehen. Margalit erwähnt dabei den Wohlfahrtsstaat und differenziert daraufhin zwischen der Wohlfahrts- und der Wohltätigkeitsgesellschaft und versucht, herauszufinden, welche dieser beiden Gesellschaften Demütigungen vermeiden kann. Dabei betont er Gemeinsamkeiten und Unterschiede in den jeweiligen Gesellschaften, indem er die jeweiligen Motivationen und Vorsätze, zu helfen und die sich daraus resultierenden Lebensbedingungen der Armen für jede Gesellschaft erörtert:

Während die Wohlfahrtsgesellschaft private Organisationen bildet, über die bürokratisch die Hilfe verwaltet wird und so die Armen ihre Hilfe erhalten, baut die Wohltätigkeits- gesellschaft auf das Mitleid und die Barmherzigkeit Einzelner, die die Hilfe direkt an die Armen weitergeben, wobei Margalit betont, dass diese Wohltätigkeit ein Über- legenheitsgefühl und eine Selbstgerechtigkeit impliziert, was sich entwürdigend auf die Armen auszuwirken scheint. Gleichzeitig sei die Bürokratie der Wohlfahrtsgesellschaft ebenfalls entwürdigend, da in dem Zusammenhang häufig der Vorwurf laut wird, diese Armen seien durch den Empfang von Leistungen einerseits faule „Parasiten" (S. 273), wobei andererseits scheinen sie durch kapitalistische Lebensbedingungen in diese Abhängigkeit gedrängt worden zu sein. Margalit trotzt den Vorwürfen gegen die Wohlfahrtsgesellschaft, indem er schließlich zu der Erkenntnis gelangt, dass ein Anrecht bzw. ein Anspruch auf Hilfe in einem Wohlfahrtsstaat weniger entwürdigend ist, als das Geschenk des Barmherzigen, für das der Arme sich dankbar zeigen muss, weil er sich, gemäß einer Theorie des Ausgleich, verpflichtet fühlt, etwas zurückzugeben, obwohl er „mit leeren Händen da steht." (S. 283).

Text:

T. Pogge: *„Globale Verteilungsgerechtigkeit"*. In: S. Gosepath und J.-C. Merle (Hg.): *„Weltrepublik: Globalisierung und Demokratie"*. München, 2002: S. 220-234

Thesen:

Pogge beschäftigt er sich mit der egalitären Frage, wie, aufgrund wachsender globaler Armut, Güter auf der Welt gerecht verteilt werden können. Pogges Argumentation für eine „bessere Welt", d.h. für eine gerechte Verteilung verläuft dabei aber nicht ergebnis- oder prozessorientiert. Er konzentriert sich auf Verteilungsstrukturen; Im Zentrum des Textes stehen ethische und moralische Verteilungsregeln. Gegenstand seines Textes ist ein mögliches Regelsystem sowie seine Bedingungen.

Zunächst betont Pogge die tugendhafte Pflicht, zu helfen und grenzt diese von einer Großzügigkeit, von der Wohltätigkeit ab. Weiterhin stellt Pogge eine Reihe von Möglichkeiten vor, eine Solidargemeinschaft innerhalb einer Gruppe einzurichten, differenziert dabei vor allem zwischen juridischen, ethischen und moralischen Ver- und Geboten. In dem Zusammenhang kritisiert er unsolidarische strukturelle Bedingungen des freien Weltmarktes, die einer globalen Verteilungsgerechtigkeit zuwider laufen, indem reiche Länder den Weltmarkt zu „ihrem eigenen Gunsten beeinflussen". (S. 228). Der Weltmarkt verstoße in diesem Zusammenhang gegen Rechts-, wie Tugendpflichten in Umverteilungsprozessen, z.B. durch Wettbewerbsverzerrungen. Somit verschärfen die ungerechten Strukturen des freien Marktes Ungleichheiten in der Verteilung der Güter und potenzieren damit die globale Armut.

Armut ist damit für Pogge ein Problem der Gerechtigkeit, konkret ein Problem der gerechten Verteilung der Güter auf der Welt und damit kein Wohltätigkeitsproblem.